Dennis Dahlenburg · Andreas Gall

Hrsg.: Aviation Media & IT GmbH

Airline-Interview

Das Übungsbuch

Interviewfragen und -aufgaben aus der Praxis
der Auswahlverfahren für Piloten und Fluglotsen

SkyTest® Airline-Interview – Das Übungsbuch

Autoren:	Dennis Dahlenburg, Dipl.-Wirtschaftsjurist
	Andreas Gall, Dipl.-Wirtschaftsinformatiker
Herausgeber:	Aviation Media & IT GmbH
	Henkestraße 78
	91052 Erlangen
	Deutschland
Herstellung und Verlag:	Books on Demand GmbH, 22848 Norderstedt
Kontakt:	Aviation Media & IT GmbH
	Airline-Interview
	Henkestraße 78
	91052 Erlangen
	Deutschland
Internet:	http://www.skytest.de
E-Mail:	office@skytest.de

Texte und Grafiken dieses Buches sind urheberrechtlich geschützt. Nachdruck und Veröffentlichung des Werks oder von Teilen des Werks sind ohne vorherige Genehmigung des Rechteinhabers untersagt. Dies umfasst alle Verkehrswege einschließlich der Veröffentlichung in digitaler Form oder elektronischer Speicherung in Datenbanken.

© Aviation Media & IT GmbH, Erlangen, Juni 2012

ISBN 9783848202119

Vorwort

Lieber Leser,

es freut uns sehr, dass Sie *SkyTest® Airline-Interview – Das Übungsbuch* zur Vorbereitung auf Ihren Einstellungstest bei einer Fluggesellschaft verwenden. Im psychologischen Interview entscheidet sich gegen Ende eines Auswahlverfahrens, ob ein Kandidat letztlich als Pilot eingestellt wird. Anders ausgedrückt – mit dem Interview steht und fällt der Erfolg Ihrer Bewerbung.

In unserem Buch *SkyTest® Airline-Interview* haben wir Ihnen die Theorie der interviewbasierten Eignungsdiagnostik für Verkehrpiloten und Fluglotsen vorgestellt. Das Handbuch soll Bewerbern einen Einstieg in diese interessante Materie vermitteln und ihnen helfen, den Sinn und Zweck des Interviews besser zu verstehen.

SkyTest® Airline-Interview – Das Übungsbuch betrachtet den abschließenden Teil der Auswahlverfahren aus einer Perspektive der Praxis. Im vorliegenden Buch finden Sie Arbeitshilfen für eine zielgerichtete Vorbereitung auf Ihr anstehendes Interview. Für eine erfolgreiche Teilnahme müssen Sie nicht nur Fallstricke umschiffen, sondern vor allem auch die Intentionen der Ihnen gestellten Fragen und Aufgaben in ihren Antworten aufgreifen. *SkyTest® Airline-Interview – Das Übungsbuch* führt Sie chronologisch durch die typischen Abschnitte eines Eignungsgesprächs bei einer Fluggesellschaft. Das Buch gibt Ihnen tieferen Einblick in regelmäßig gestellte Interviewfragen. Beispiele und Übungen sollen Ihnen helfen, im späteren Interview ebenso spontan wie souverän zu antworten.

Fast alle Bewerber für eine Pilotenstelle müssen in einem Interview Ihre Qualifikation und Motivation darlegen. Das Buch richtet sich daher sowohl an Piloten mit Karriereerfahrung als auch an Absolventen von Flugschulen und an Bewerber, die noch ganz am Anfang ihrer fliegerischen Ausbildung stehen. Aufgrund hoher Analogie der Auswahlverfahren ist das Buch auch zur Vorbereitung auf Interviews bei Flugsicherungen geeignet.

Mit *SkyTest® Airline-Interview – Das Übungsbuch* haben Sie sich für ein Produkt der *SkyTest®*-Serie entschieden. *SkyTest®* steht seit 2003 für anwenderorientierte Trainingssoftware und Fachbücher für die Vorbereitung auf Einstellungstests in der kommerziellen Luftfahrt. Alle *SkyTest®*-Produkte werden mit hoher Sorgfalt entwickelt, um Sie optimal auf Ihrem Weg ins Cockpit zu begleiten. Wir wünschen Ihnen viel Erfolg bei Ihrem Einstellungstest.

Erlangen, im Juni 2012

Dennis Dahlenburg, Andreas Gall

Inhalt

1 Einleitung

Bei der Auswahl ihrer Piloten setzen Fluggesellschaften hohe Standards an. Die oft mehrstufig gegliederten Einstellungstests beginnen meist mit computergestützen kognitiven und operationellen Leistungstest.

Die folgende Grafik zeigt die regelmäßig von Airlines in Eignungstests für Piloten untersuchten Eigenschaften:

Eigenschaft	Instrumente	Ab-Initio	Ready Entry (zus.)
Biographisches Profil	Fragebogen Bewerbungsunterlagen Telefoninterview	Zeugnisse Techn. Verständnis	Karriereweg Lizenzen Type-Ratings Flugstunden
Kognitive Leistung allgemein	Computertests	Gedächtnisleistung Räumliches Vorstellungsvermögen Informationsaufnahme- und verarbeitung Logisches Schlussfolgern Konzentrationsfähigkeit	
Kognitive Leistung berufsspezfisch	Computertests	Mehrfacharbeit Psychomotorik Aufmerksamkeitsverteilung Situative Aufmerksamkeit	
Operationelle Fähigkeiten	Computertests Simulatortests	Entscheidungsverhalten Planungsverhalten Strategische Problemlösung Priorisierung von Aufgaben	

Tabelle 1: Grundlegende Eignungsabklärung

Bewerber, die in diesen Tests ihre grundsätzliche Eignung für den Pilotenberuf nachgewiesen haben, werden zu anschließenden psychologischen Eigungstests mit individuellem Interview eingeladen. In der Vergangenheit prägte diese Interviews ein eher technisch-theoretischer Schwerpunkt. Moderne Auswahlverfahren greifen aber tiefer. Das Interview soll heute nicht nur Aussagen über die *Qualifikation* sondern vor allem über die *Motiavation* und das *wahrscheinliche zukünftige Verhalten* des Bewerbers in seinem späteren Arbeitsumfeld liefern.

Das Erreichen des Interviews bedeutet, es in die engere Auswahl geschafft zu haben. Die Fluggesellschaft interessiert sich jetzt vor allem für soziale Kompetenzen und persönlichkeitsabhängige Eigenschaften des Bewerbers.

Eigenschaft	Instrumente	Ab-Initio	Ready Entry (zus.)
Soziale Kompetenz	Gruppenübungen	Teamverhalten	Konfliktvermeidung
	Computertests	Kommunikationsstärke	Konfliktlösung
	Interview	Durchsetzungsvermögen	Führungsstärke
			Hierarchieverhalten
Persönlichkeits-abhängige Eigenschaften	Interview	Motivation für den Pilotenberuf	
		Karrieremotivation vs. Freizeitorientierung	
		Disziplin	
		Übernahme von Verantwortung	
		Fähigkeit zur Arbeit in regulierten Systemen	
		Fähigkeit zur Selbsteinschätzung	
		Umgang mit Stress ausgelöst durch • hohe Arbeitsbelastung • soziales Umfeld • berufliches Umfeld • Zeitdruck	

Tabelle 2: Psychologische Eignungsabklärung und Interview

Für die Durchführung der psychologischen Eignungsabklärung und des Interviews wurden verschiedene Ansätze entwickelt und für den Einsatz bei Fluggesellschaften optimiert. Im Regelfall werden bei Airlines sogenannte *halb-strukturierte*, *gemischte Interviews* geführt, die im Kern einem inneren Leitfaden folgen und sich über biografische und situative Fragen entwickeln. Im Rahmen des Auswahlverfahrens wird das Interview regelmäßig von weiteren psychologischen Analysemethoden flankiert, beispielsweise von Gruppenübungen oder Computertests. Diese ergänzenden Untersuchungen sollen die Ergebnisse des abschließenden Interview absichern.

Den theoretischen Ansätzen hinter den Methodiken der interviewbasierten Eignungsdiagnostik bei Pilotentests und ihrer praktischen Umsetzung im

Auswahlverfahren haben wir uns im Buch *SkyTest® Airline-Interview* zugewendet. Das vorliegende *SkyTest® Airline-Interview – Das Übungsbuch* wurde speziell zur zielgerichteten Vorbereitung auf das Zusammentreffen mit dem Interviewer entwickelt.

Das Buch soll Ihnen dabei helfen, *vor dem Interview* Antworten auf mögliche Fragen zu Ihrem beruflichen Werdegang oder biographischen Hintergrund zu finden. Mindestens ebenso wichtig wie eine sichere inhaltliche Vorbereitung ist die sprachliche und syntaktische Präsentation Ihrer Antworten im Interview. Auch hierfür finden Sie in den einzelnen Kapitel Hinweise.

2 Vor dem Interview

Eine Einladung zu einem Interview erfordert nicht nur eine erfolgreiche Teilnahme an etwaigen kognitiven und operationellen Leistungstests. Sie müssen auch zwei formale Hürden nehmen – die schriftliche Bewerbung und in vielen Fällen ein Vorab-Interview am Telefon.

2.1 Bewerbungsschreiben und Lebenslauf

Das Bewerbungsschreiben ist der erste Eindruck, den die Personalabteilung einer Fluggesellschaft von den Bewerbern gewinnt. Auf jeweils nicht mehr als einer Din A4-Seite sollten Ihr Bewerbungsschreiben und Ihr angefügter Lebenslauf alle wesentlichen Informationen zu Ihrer Qualifkation und Erfahrung geben. Ebenso sollte Ihr Bewerbungsschreiben vermitteln, dass Sie ein motivierter Arbeitnehmer sind, der über soziale Kompetenz verfügt und sich gut in ein neues Team integrieren wird. Eine gute Mischung aus Informations- und Motivationsvermittlung erreichen Sie mit folgendem Aufbau:

Erster Absatz: Ihre Ist-Situation und Motivation

Eine gute Einleitung in ein Bewerbungsschreiben an eine Fluggesellschaft ist die ausführliche Darstellung Ihrer momentanen Beschäftigungssituation und gesammelten fliegerischen Erfahrung. Im letzten Satz des ersten Absatzes sollten Sie darlegen, weshalb Sie sich bei gerade dieser Airline bewerben.

Auch Bewerber für eine fliegerische Ausbildung sollten ihre gegenwärtige berufliche beziehungsweise schulische Situation einleitend schildern und anschließend ausführlich darlegen, weshalb sie sich den Pilotenberuf ausgesucht haben.

Zweiter Absatz: Ihre fliegerische Ausbildung und Qualifikation

Stationen Ihrer Ausbildung, Lizenzen sowie Flugstunden auf einzelnen Mustern und Simulatorerfahrung gehören in den zweiten Absatz. Hier steht die reine Informationsvermittlung im Vordergrund.

Dritter Absatz: Ausbildung und Karriere außerhalb des Cockpits

Auf akademische Abschlüsse und Stationen Ihrer Karriere außerhalb eines Flugzeugcockpits können Sie im dritten Absatz überleiten.

Vierter Absatz: Berufsethos und Sozialkompetenzen

Am Ende Ihres Bewerbungschreibens sollten Sie Ihre positive und professionelle Einstellung zum Pilotenberuf und Ihre sozialen Kompetenzen unterstreichen. Hierfür dürfen Sie sich auch auf Aktivitäten in Ihrer Freizeit beziehen.

2.2 Beispiel: Bewerbungsschreiben für eine Pilotenstelle

Betrifft: Bewerbung als Erster Offizier in Ihrer B737-Flotte

Sehr geehrte Damen und Herren,

mit diesem Schreiben möchte ich mich um eine Anstellung als Erster Offizier in Ihrer Boeing 737-Flotte bewerben. Ich bin ledig, 30 Jahre alt und lebe derzeit in Melbourne, von wo aus ich seit seit zwei Jahren für Jetstar als F/O die 737-800 fliege. Zuvor habe ich vier Jahre Ambulanzflüge für den Royal Flying Doctor Service of Australia (RFDS) auf einer Beechcraft Super King 200C durchgeführt. In meiner Zeit beim RFDS habe ich viele wertvolle Erfahrungen gesammelt. Bei Flügen in schwierigen Wetterbedingungen, Einsätzen bei Nacht an unbekannten Flugplätzen und Notfällen bei der Versorgung von Patienten an Bord lernte ich, flexibel zu reagieren und schnelle Entscheidungen zu treffen. Als Pilot des RFDS war ich für die Planung der Einsätze, Vorbreitung und Betankung des Fluggeräts sowie die Einweisung neuer Crewmitglieder zuständig. Diese Erfahrungen haben mir den Wechsel in die kommerzielle Luftfahrt sehr erleichtert. Mein Vertrag mit Jetstar wird in diesem September enden. Dann möchte ich nach meiner Zeit in Australien wieder nach Europa zurückkehren. Ich würde mich freuen, meine Karriere bei Ihrer Airline fortzusetzen, da ich gerne Teil eines Unternehmens und Umfelds bin, das mir neue Möglichkeiten eröffnet.

Meine fliegerische Ausbildung habe ich im Juni 2006 an der Flugschule Hamburg abgeschlossen. Ich verfüge über eine Current ATPL mit Commercial Pilot und Multi-Engine Zertifikaten. Die theoretischen Tests der ATPL habe ich mit einem Durchschnitt von 94,5 Prozent bestanden. Einschließlich 200 Stunden Multi-Crew-Training im Simulator habe ich 2.100 Flugstunden Erfahrung, darunter 1.200 auf der 737 NG.

Vor meiner fliegerischen Laufbahn absolvierte ich ein betriebswissenschaftliches Studium an der Universität Hamburg mit Schwerpunkt Luftfahrt. Dieses Studium schloss ich nach sechs Semestern als Bachelor of Arts (BA) mit einem Notendurchschnitt von 1,8 ab. Nach meinem Abschluss arbeitete ich ein Jahr als Trainee für Airbus an den Standorten Hamburg und Toulouse, bevor ich mich für eine fliegerische Laufbahn entschloss. Im facettenreichen Trainee-Programm von Airbus habe viel über betriebswirtschaftliches Handeln und die Felder Customer Relations und Finance gelernt.

Ich bin sehr gerne Pilot, da ich die Arbeit in Teams schätze. Mir übertragene Führungsaufgaben gehe ich verantwortungsvoll und zuverlässig an. Im Cockpit und bei der Vorbereitung von Flügen sind Sicherheit und Professionalität die Maximen meines Handels. In meiner freien Zeit achte ich auf einen ausgeglichenen Lebensstil. In Australien habe ich den Cricket-Sport kennengelernt und trainiere seit einem Jahr ehrenamtlich eine Jugendmannschaft. Ich bin davon überzeugt, dass meine Qualifikation und sozialen Kompetenzen mich zu einem guten Mitarbeiter Ihrer Airline machen würden.

Mit Dank und freundlichen Grüßen,

...

Das Bewerbungsschreiben wird durch Ihren Lebenslauf ergänzt. Aus einem fliegerischen Lebenslauf sollten in Stichpunkten die wichtigsten Informationen zu Ihnen selbst, Ihren Qualifikationen sowie den Stationen Ihrer Karriere und Ausbildung hervorgehen.

1. Header

In der Kopfzeile Ihres Lebenslauf können Sie die „Highlights" Ihrer Qualifikationen in Schlagpunkten voranstellen.

2. Persönliche Angaben

Ihre persönlichen Angaben sollten folgende Punkte umfassen:

- Name
- Anschrift
- Telefon
- Email
- Geburtstag
- Nationalität
- Muttersprache
- Fremdsprachen
- Medical

3. Flugerfahrung

Geben Sie der Airline eine schnelle Übersicht über Ihre Flugerfahrung. Aus dieser Übersicht sollten hervorgehen:

- Flugzeit
  - ☐ Gesamte Flugzeit mit Sim
  - ☐ Gesamte Flugzeug ohne Sim
  - ☐ PIC
  - ☐ IFR
  - ☐ Piston / Jet

- Geflogene Typen (jeweils mit Angabe von Flugstunden)

4. Berufliche Laufbahn

Die Stationen Ihrer bisherigen Karriere stellen Sie chronologisch, beginnend mit der letzten (aktuellen) Situation dar. Aus Ihren Angaben sollten jeweils in Stichpunkten hervorgehen:

- Beschäftigungszeitraum
- Stellenbezeichnung
- Stellenbeschreibung
- Name und Anschrift des Arbeitgebers

5. Fliegerische und nicht-fliegerische Ausbildung

Als letzten Punkt Ihres Lebenslaufs sollten Sie die Stationen Ihrer Ausbildung dokumentieren. Auch hier beginnen Sie die Chronologie absteigend vom letzten Ort Ihrer Ausbildung. Aus Ihren Angaben sollten jeweils hervorgehen:

- Ausbildungszeitraum
- Flugschule / Institut / Universität
- Ausbildungsinhalte / -schwerpunkte
- Abschluss

6. Datum und Unterschrift!

2.3 Vorgespräch am Telefon

Die meisten Airlines vereinbaren mit grundsätzlich für eine Einstellung oder Ausbildung in Betracht gezogenen Bewerbern ein kurzes Telefonat. Auch hierbei handelt es sich bereits um ein (kleines) Interview. In einem zwischen zehn und zwanzig Minuten dauernden Gespräch entscheidet sich, ob Sie zu weiteren Einstellungstests eingeladen werden oder nicht.

Inhaltlich dürfen Sie einen *Faktencheck* erwarten. Das heißt, Sie sollten zu dem für das Telefonat vereinbarten Termin die in Ihrer Bewerbung gemachten Angaben unbedingt vor Augen haben (insbesondere solche zu Flugstunden, Stationen Ihrer Ausbildung bzw. Karriere und ggf. zu Befunden aus früheren flugmedizinischen Untersuchungen).

Das Telefonat wird in aller Regel in einer entspannten Atmosphäre stattfinden. Am Telefon wird man Sie nicht mit allzu kritischen Nachfragen konfrontieren. Dennoch dürfen Sie sich nicht dazu verleiten lassen, „ins Plaudern" zu verfallen. Antworten Sie kompetent, kompakt aber vollständig und vor allem freundlich. Lassen Sie Ihren Gesprächspartner in jedem Fall immer ausreden.

Für das Telefonat sollten Sie sich in einen Raum zurückziehen, in dem Sie nicht abgelenkt werden und in dem keine Hintergrundgeräusche stören. Vorzugsweise führen Sie das Gespräch an einem Schreibtisch sitzend.

Bereits am Telefon können Ihnen Fragen gestellt werden, die Sie später im persönlichen Interview erneut beantworten müssen. Klassiker sind:

- Was ist der Anlass Ihrer Bewerbung?

- Was wissen Sie über unser Unternehmen?

- Weshalb möchten Sie gerne bei uns arbeiten?

- Erzählen Sie mir von Ihrem bisherigen beruflichen Werdegang.

- Was bringen Sie an Erfahrung in unser Unternehmen ein?

- Wann können Sie anfangen?

- Würden Sie sich als zuverlässig bezeichnen?

- Hatten Sie in Ihrer Karriere schon einmal einen Konflikt mit einem Vorgesetzten?

Die Hintergründe dieser Fragen und Strategien zur Vorbereitung Ihrer Antworten werden wir in den folgenden Kapiteln näher beleuchten. Unbedingt sollten Sie Ihre am Telefon gegebenen Antworten kurz mitnotieren. Ihre Antworten auf gleiche oder ähnliche Fragen dürfen sich im Telefonat und späteren Interview keinesfalls widersprechen.

Gegen Ende des Telefonats wird man mit Ihnen das weitere Vorgehen besprechen. Sie werden im Regelfall keine unmittelbare Einladung zu einem weiteren Termin erhalten. Man wird Ihnen aber mitteilen, wann und in welcher Form Sie eine Rückmeldung erhalten. Bedanken Sie sich für das Telefonat und widmen Sie sich in der Zwischenzeit schon einmal der Vorbereitung auf ein persönliches Zusammentreffen mit einem Vertreter der Airline.

Der Tag des Interviews ist gekommen. Gehen Sie ihn positiv an. Ihr Interview beginnt nicht mit der ersten Frage, sondern sobald Sie das Gebäude betreten, in dem es stattfindet. Begegnen Sie sämtlichen Mitarbeitern und Mitbewerbern freundlich und professionell – die Sekretärin am Empfang kann ebenso eine Stimme bei der Entscheidung für oder gegen einen Bewerber haben wie der Auswahlkapitän.

Ihr Ziel ist es, sich von den übrigen Bewerbern abzugrenzen. Oft gelingt dies schon, wenn Sie nur die (formalen) Klippen umschiffen, an denen einige Bewerber scheitern:

- Achten Sie auf eine makellose, förmliche **Kleidung** mit dunklem Anzug und Krawatte (Herren) beziehungsweise einem Business-Outfit (Damen). Die Uniform eines früheren (oder schlimmer noch: aktuellen) Arbeitgebers ist ein absolutes Tabu.

- Begrüßen Sie die Mitarbeiter der Airline mit einem **festen Handschlag**, halten Sie Augenkontakt. Zeigen Sie eine zugängliche Körpersprache. Ein Lächeln schadet nicht.

- **Seien Sie konzentriert**. Es zeugt beispielsweise nicht von Aufmerksamkeit, wenn Sie bei etwas nachfragen müssen, das Ihnen bereits erklärt wurde.

- **Keine Witze.** Sie befinden sich in einem professionellen Auswahlverfahren für einen verantwortungsvollen Job.

- **Keine Arroganz.** Selbst wenn Sie zuvor als Flottenchef einer großen Airline gearbeitet haben, kann Überheblichkeit im Umgang mit den Recruitern Ihre Chancen auf eine Einstellung erheblich verringern.

- (Positiver) **Small Talk** ist erlaubt, natürlich auch unter den Bewerbern.

- Bedienen Sie sich aber stets einer **professionellen Sprache**. *„Wo krieg ich denn hier was zu essen?"* ist nicht die geeignete Wortwahl, um sich in der Mittagspause nach der Kantine zu erkundigen.

- Schalten Sie Ihr **Telefon** leise oder aus.

- Zeigen Sie **Gelassenheit**. Unruhiges Auf- und Abrennen im Warteraum dient nicht der eigenen Beruhigung und zeichnet auch kein gutes Bild von Ihrem Umgang mit Stresssituationen.

- Vertrauen Sie im Zweifel immer auf Ihren **gesunden Menschenverstand**!

Zum Interview werden Sie in einen neutral gestalteten Raum gebeten. In der Regel sind zwischen einem und vier Recruitment-Mitarbeiter anwesend. Nicht alle werden eine aktive Rolle im Gespräche einnehmen, sondern eher Ihr Verhalten beobachten und Notizen machen. Versuchen Sie, Ihre Antworten mittels Blickkontakt auch an die nicht aktiven Gegenüber zu richten. Reaktionen, beispielsweise ein anerkennendes Nicken, dürfen Sie nicht erwarten. Das soll Sie nicht verunsichern.

Mit Erreichen des Interviews befinden Sie sich oft unter den verbliebenen zehn Prozent der ursprünglichen Bewerber. Die nächsten 45 bis 90 Minuten entscheiden darüber, ob Sie sich auch gegen den Rest durchsetzen können. Dies ist natürlich stets eine relative Angelegenheit. Nutzen Sie das Interview daher, um sich noch einmal von Ihrer besten und professionellsten Seite zu präsentieren.

3 Das Interview

Ein *Musterinterview* gibt es nicht. Jedes Interview wird speziell auf den einzelnen Bewerber zugeschnitten und vorbereitet. Ausgangslage hierfür sind die vorgelegten Bewerbungsunterlagen und das Verhalten beziehungsweise Abschneiden des Kandidaten im bisherigen Verlauf des Auswahlverfahrens.

Gleichwohl wird sich das Interview an einem Grundgerüst orientieren, das sich in vier Abschnitte gliedern lässt:

1. Die Sache mit der Motivation

Der Anfang des Interviews ist für Fragen nach Ihrer Motivation für den Pilotenberuf und Ihre Bewerbung reserviert.

2. Die Verhaltensprognose

Einen zweiten wichtigen Abschnitt des Interviews bilden *biographisch* oder *situativ / szenariobasiert* ansetzende Fragen. Sie dienen der Prognose des künftigen Verhaltens des Bewerbers in den Strukturen und Abläufen seines späteren Arbeitsumfeldes. Die aus dem Interview gezogene positive oder negative Verhaltensprognose hat bei der Auswahl der Kandidaten das höchste Gewicht und steht heute gleichberechtigt neben den qualifikatorischen Gesichtpunkten.

3. Technische Fragen

Mit Fragen zum (flug)technischen Fachwissen testet die Airline die fachliche Qualifikation ihrer Bewerber. Hier dürfen Sie keine Schwächen zeigen. Diese Runde des Interviews ist letztlich eine Abfrage Ihres theoretischen Kenntnisstands. Dieser sollte sich natürlich nicht nur auf Physik und Technik beschränken – ebenso sollten Sie vor dem Interview Ihr Wissen über die Human Performance and Limitations Theory und das Luftrecht auf den neuesten Stand bringen. Oft peppen Interviewer das Gespräch mit sehr gezielten Fragen aus diesen Bereichen auf.

4. Ihre Fragen an die Airline

„Haben Sie noch Fragen an uns?" Wer hier verneint, verpasst die Gelegenheit, nocheinmal mit eigenen Fragen seine Motivation für die ausgeschriebene Tätigkeit zu unterstreichen.

Auf den folgenden Seiten werden wir uns diese vier Abschnitte des Interviews im Detail ansehen. Die Beispiele und Übungen sollen Ihnen dabei helfen, sich auf die Interviewsituation einzustellen. Ein Tipp: bearbeiten Sie die Übungen zunächst mit Stichpunkten, an denen Sie Ihre Antwort später verbal ausgestalten. Vorbereitete Antwortsätze können Sie zum Vorwegnehmen von Fragen verleiten. Dies sollten Sie vermeiden. Im Interview müssen Sie Ihre (sprachliche) Flexibilität bewahren. Lassen Sie den Interviewer immer ausreden! *„Geben Sie mir ein Beispiel für eine Meinungsverschiedenheit mit einem Kollegen"* ist eine andere Aufgabe, als *„Geben Sie mir ein Beispiel für eine Meinungsverschiedenheit mit einem Kollegen, die Sie zu Ihren Gunsten entscheiden konnten"*. Kurze Pausen im Gespräch sind nicht schlimm. Im Gegenteil – sie zeigen dem Interviewer, dass Sie vor einer Antwort überlegen. Das wird von Ihnen schließlich auch im Cockpit erwartet.

3.1 Die Sache mit der Motivation

Am Anfang eines halb-strukturierten Interviews stehen Fragen, die auf Ihre Motivation für den Pilotenberuf und Ihre Bewerbung abstellen. Warum sich dieser Untersuchungsbereich besonders gut für den Einstieg in das Gespräch eignet, werden Sie an den typischerweise einleitenden Fragen erkennen.

3.1.1 Würden Sie mir zu Anfang ein wenig von sich erzählen?

Diese Fragen ist ein klassischer *Opener* im Interview. Sie ist auf den ersten Blick harmlos, hat es aber durchaus in sich. Mit ihr verschafft sich der Interviewer einen ersten Eindruck, ob

- Sie strukturiert und vollständig antworten,

- und ob Sie sich bereits aus Ihrer Biographie eine Motivationslage für den Pilotenberuf erkennen lässt.

Entsprechend sollten Sie den Schwerpunkt Ihrer Antwort auf Ihren beruflichen Werdegang legen (natürlich ohne Ihren gesamten Lebenslauf zu wiederholen, den kennt der Interviewer bereits). Es bietet sich ein Vorgehen in vier Schritten an:

1. Beginnen Sie mit Ihrem privaten Hintergrund (Familienstand, Hobbies)

2. Erzählen Sie, was Sie zur Fliegerei brachte (Motivation!)

3. Erzählen Sie vom Verlauf Ihrer bisherigen Ausbildung und Karriere

4. Schließen Sie mit dem gegenwärtigen Stand Ihrer Karriere

Eine der wichtigsten Regeln für das Interview ist: **Geben Sie dem Interviewer Informationen!** Interviewer mögen es nicht, Ihrem Gegenüber jedes Detail „aus der Nase zu ziehen". Ihre Antworten sollten einen informationellen Mehrwert vermitteln.

Achten Sie darauf, dass Ihre Antwort stets einen **positiven Tenor** hat! Sie möchten sich als motivierten und vor allem eigenverantwortlich handelnden Menschen zeigen. Ein verpatzter Checkride? – „Ich habe wenig später einen zweiten Anlauf unternommen und bestanden" ist eine bessere Antwort als „Ich hatte den Eindruck, dass meine Leistung in Ordnung war, der Kapitän mich aber von Anfang an nicht bestehen lassen wollte".

Zeigen Sie sich immer **zukunfts- und chancenorientiert**! Sie haben bislang ausschließlich Fracht geflogen? – *„Ich freue mich darauf, bei Ihrer Airline Passagiere an ihre Ziele zu fliegen"* ist eine bessere Antwort als *„Bislang habe ich nur Erfahrung im Cargobereich"*.

Auch für Ihre früheren Beschäftigungen gilt: sie blicken **positiv** auf die Zeit bei ehemaligen Arbeitgebern zurück. Das Nähkästchen bleibt geschlossen (bis Sie im neuen Cockpit sind, versteht sich). Auf Tätigkeiten außerhalb der Luftfahrt können

Sie im Interview kurz Bezug nehmen oder es dabei belassen, diese im Lebenslauf anzuführen.

Wenn Ihre Biographie etwas wirklich Einzigartiges oder Außergewöhnliches zu bieten hat, sollten Sie das einfließen lassen. Sie erhöhen so Ihren Wiedererkennungswert, wenn sich die Mitarbeiter bei der Personalauswahl über die Bewerber beraten *(„das war doch der mit dem Studentenjob als Lachyoga-Trainer...", „das war doch die Bergsteigerin...")*.

Eine Antwort auf die Frage „Würden Sie mir zu Anfang ein wenig von sich erzählen?" kann zum Beispiel sein:

> *Ich heiße David Müller, lebe derzeit in Amsterdam und habe vor Kurzem meinen 31. Geburtstag gefeiert. Seit zwei Jahren bin ich verheiratet und Vater einer einjährigen Tochter. Für meine Familie und meinen Beruf halte ich mich Radfahren und Surfen fit.*
>
> *Mit 16 Jahren habe ich jüngeren Schülern Nachhilfe gegeben, um selbst Segelflugstunden nehmen zu können. Das hat mich letztlich zur Fliegerei gebracht.*
>
> *Meine ATPL habe ich Ende 2004 an der Flugschule Aachen abgeschlossen. Da ich leider nicht sofort eine Anstellung bei einer Airline gefunden habe, habe ich während meiner Bewerbungen in einem Theater an der Abendkasse gearbeitet. Seit sechs Jahren bin ich bei Tulip Airlines in der Niederlanden beschäftigt und fliege als F/O die CRJ-900 im Regionalverkehr. Ich bin mit meiner Arbeitsstelle sehr zufrieden, würde mich aber freuen, meine Karriere als F/O in Ihrer 737-Flotte fortzusetzen.*

Übung

Verfassen Sie einen Antworttext auf die Frage „Würden Sie mir zu Anfang ein wenig von sich erzählen?"

Aber Achtung – lernen Sie Ihren Text nicht auswendig! Im Interview müssen alle Ihre Antworten spontan sein. Der Interviewer darf nicht den Eindruck erhalten, dass Sie eine gut vorbereitete Antwort von Ihrem geistigen Auge ablesen. Vermeiden Sie eine hochgestochene Grammatik oder Wortwahl und setzen Sie eher auf ein Gesprächsverhalten, das Sie bei einer Unterhaltung mit einem Freund anlegen würden.

3.1.2 Was hat Sie zur Bewerbung bei unserer Airline veranlasst?

Jeder Bewerber – in jedem Unternehmen – rechnet mit dieser Frage. Gut beantwortet wird sie selten. Dabei sollen Sie im Grunde nur glaubhaft vermitteln, dass Sie sich im Vorfeld mit der Airline auseinandergesetzt haben und Ihre

Bewerbung entsprechend ernsthaft (motiviert) ist. Manche Interviewer fragen noch direkter: *„Was wissen Sie über unsere Airline?"* oder *„Warum möchten Sie gerade für uns arbeiten?"*

In Ihrer Antwort sollten Sie daher weniger über sich, als über die Airline reden. Das geht relativ einfach – bereiten Sie in zwei Schritten *Stichpunkte* vor, die dokumentieren, dass das Unternehmen Ihrer Ansicht nach ein idealer Arbeitgeber für Sie sein wird:

1. Sammeln Sie Fakten über die Airline

Das Internet hält alle Informationen bereit, die Sie benötigen. Auf den Investor Relations Seiten börsennotierter Fluggesellschaften können Sie oft auch einen aktuellen Geschäftsbericht herunterladen, der Ihnen wertvolle Informationen liefert. Versuchen Sie, Alleinstellungsmerkmale der Airline zu identifizieren, die sie von ihren Wettbewerbern postiv abgrenzen und stellen Sie diese im Interview heraus.

Fakten, die Sie in jedem Fall parat haben sollten:

- Welche Flugzeuge werden eingesetzt?
- Wo befinden sich die Hubs und Schwerpunkte im Netzwerk?
- Wie ist die aktuelle Ertragslage der Airline?
- Welche Auszeichnungen hat die Airline in letzter Zeit erhalten?
- Wie heißen die wichtigsten Manager der Airline?
- Wie viele (fliegende) Mitarbeiter beschäftigt die Airline?
- Ist die Airline Mitglied einer Allianz? Wer sind Ihre wichigtsten Kooperationspartner?

2. Bewerten Sie die Airline als Arbeitgeber

Diese Aufgabe ist nicht ganz einfach. Im Interview müssen Sie herausstellen, dass Sie und die Airline zusammenpassen. Die Organisation einer Airline passt sich aber nur in geringem Maße an ihre Piloten an. **Vielmehr müssen sich (neue) Piloten gut in die bestehenden Abläufe und Systeme integrieren lassen und Bereitschaft zur Flexibilität zeigen.** Wenn Sie die Airline als Arbeitgeber bewerten geht es daher allenfalls zu einem Viertel um Ihre Anforderungen an einen Arbeitgeber. Zu drei Vierteln müssen Sie Argumente finden, mit denen Sie zeigen, warum das Arbeitsumfeld der Airline quasi wie für Sie gemacht ist.

Ansatzpunkte, die für die Airline als Arbeitgeber sprechen können:

- Motivierte und professionelle Belegschaft
- Guter Ruf als Arbeitgeber
- Karriere- und Aufstiegschancen
- Trainings- und Qualifizierungsprogramme "on the job"
- Abwechslungsreiche, internationale Einsätze
- Corporate Lifestyle

Vermeiden Sie es in diesem Zusammenhang, über gebotenes Gehalt, Sozialleistungen oder Urlaubstage zu sprechen. Das sollten nicht die Punkte sein, an denen die Airline Ihre Motivationslage für die Bewerbung abliest. Ein sicherer Arbeitsplatz ist hingegen ein Argument, das auch die Airline gerne hört.

Eine Antwort auf die Frage „Was hat Sie zur Bewerbung bei unserer Airline veranlasst?" kann zum Beispiel sein:

„Ich möchte für Ihre Airline arbeiten, weil Sie sich nach innen und außen als innovatives und nachhaltig aufgestelltes Unternehmen präsentiert. Im vergangenen Jahr haben Sie trotz eines schwierigen Marktumfelds 800 Millionen Euro operativen Gewinn erwirtschaften können.

Ihre Airline verfügt über 230 Flugzeuge – von der CRJ900 bis zum Airbus A380. Ihre Flüge sind im Durchschnitt zu mehr als 80 Prozent ausgelastet. In den nächsten Jahren erwarten Sie allein 40 neue Mittel- und Langstreckenflugzeuge und werden Ihre Sitzplatzangebot um 15 Prozent erhöhen. Das signalisiert mir, dass auch junge Piloten bei Ihnen langfristige und abwechslungsreiche Karriereperspektiven finden können.

Erst kürzlich wurde Ihre Airline von der IATA für ihr hervorragendes Crewtraining ausgezeichnet. Ihre Belegschaft gilt als jung, international, professionell und freundlich. Ich würde mich freuen, zu diesem Team zu gehören und weiß, dass ich jeden Tag Freude an der Arbeit für Ihre Airline hätte. Ihre Piloten wirken sehr glücklich und motiviert. Auch Passagiere bewerten Ihre Airline regelmäßig mit Topnoten. Ich wäre sehr stolz darauf, den Rest meiner Karriere in diesem Umfeld gestalten zu dürfen und in dieser Zeit auch an Ihren internationalen Hubs stationiert zu sein. Diese Überzeugung hat mich letztlich zur Bewerbung bei Ihnen motiviert."

Übung

Tragen Sie folgende Informationen über die Airline zusammen, bei der Sie sich bewerben:

■ **Wichtige Eckdaten zur Unternehmenshistorie**

■ **Vorstand und Führungspersonal**

■ **Aktuelle Ertragslage und Geschäftsentwicklung der letzten drei Jahre**

■ **Hubs und aktuelle Schwerpunkte im Netzwerk (z.B im Touristikverkehr, Chartergeschäft und auf Geschäftsreiselinien)**

■ **Geplante Entwicklung von Netzwerk und Frequenzen**

■ **Aktuelle Verkehrszahlen und Verkehrsentwicklung der letzten drei Jahre (v.a. ASK, RPK und Passagierzahlen)**

■ **Allianzen und Kooperationen (z.B. Codeshares)**

■ **Aktuelle Flottenstruktur**

■ **Flottenentwicklung in den nächsten Jahren**

■ **Belegschaftsstruktur (v.a. Qualifikationsniveau, Internationalität)**

_____

_____

■   **Personalenwicklung und Karriereprogramme**

_____

_____

_____

_____

■   **Kommunizierte Unternehmenskultur**

_____

_____

_____

_____

■   **Aktuelle Marketing- und Imagekampagnen**

_____

_____

_____

_____

■   **Auszeichnungen und Alleinstellungsmerkmale**

_____

_____

_____

_____

3.1.3 Weshalb sollten wir Sie einstellen?

Bei der letzten Frage ging es zu drei Vierteln um die Airline und nur zu einem Viertel um Sie. Jetzt geht es allein um Sie und Ihre Fähigkeit, sich gut zu verkaufen!

Achtung: Viele Interviewer formulieren die Frage so, dass sich Bewerber herausgefordert fühlen – „Wir hatten heute schon fünf Bewerber, die alle mehr Erfahrung und einen besseren Lebenslauf vorzuweisen hatten als Sie. Warum also sollten wir Sie einstellen?" Ebenso kann die Frage aber auch wertungsneutral gestellt werden – „Wo sehen Sie Ihre persönlichen Stärke?" oder „Wie würde ein Kollege Sie beschreiben?"

Sie können sich dieser Frage leicht nähern, indem Sie **belegbare Eigenschaften** an sich finden, die der Airline einen Mehrwert vermitteln. Denken Sie dabei weniger an Ihre Qualifikationen – diese Information kann die Airline bereits Ihren Bewerbungsunterlagen entnehmen. Interessant sind persönliche Attribute, die Sie in das Licht eines zuverlässigen, fleißigen und motivierten Mitarbeiters rücken.

Übung

Nachfolgen finden Sie beispielhaft einige Eigenschaften. Suchen Sie nach Argumenten, die unterstreichen, dass diese Eigenschaften auf Sie zutreffen – am besten im Kontext Ihrer bisherigen fliegerischen Laufbahn:

■ **Teamspieler**

_____

_____

_____

■ **Zuverlässig**

_____

_____

_____

■ **Positive Grundhaltung**

_____

_____

_____

_____

■ **Zielstrebig**

_____

_____

_____

_____

■ **Engagiert**

_____

_____

_____

_____

■ **Respektvoll**

_____

_____

_____

_____

■ **Flexibel**

_____

_____

■ **Ehrlich**

■ **Gelassen**

■ **Mitfühlend**

■ **Führungsstark**

▨ **Kommunikationstalent**

_____

_____

_____

_____

▨ **Ausgeglichen**

_____

_____

_____

_____

▨ **Loyal**

_____

_____

_____

_____

▨ **Geduldig**

_____

_____

_____

_____

▨ **Zukunftsorientiert**

_____

_____

■ **Verantwortungsvoll**

■ **Unvoreingenommen**

■ **Kollegial**

■ **Aufgeschlossen**

3.1.4 Eingeschobene Fragen

Ihre Antworten werden einem aufmerksamen Interviewer immer Ansatzpunkte für Nachfragen geben. Eingeschobene Fragen sind sehr zielgerichtet und erfordern eine **präzise und kurze Antwort**.

Oft wird der Interviewer mit Zwischenfragen sensible Bereiche ansprechen. Betrachten Sie solche Fragen mit der Intention des Interviewers – er will Sie nicht bloßstellen, sondern Informationen über Ihren Umgang mit der Situation gewinnen. *Sie überzeugen den Interviewer mit Fakten!* Dies lässt sich an folgenden Beispielen verdeutlichen:

Beispiel 1

Frage: *Sie bewerben sich also aus einer Anstellung bei einem Wettbewerber heraus bei uns. Was gefällt Ihnen an ihrem derzeitigen Arbeitsplatz nicht?*

Intention: Die Frage zielt direkt darauf ab, welche Motivation dem geplanten Wechsel Ihres Arbeitsplatzes zu Grunde liegt.

Tipp: Fragen nach einem früheren Arbeitsverhältnis (oder parallelen Bewerbungen!) sind ein Minenfeld. Abfällige Äußerungen über einen ehemaligen Arbeitgeber (bzw. einen Wettbewerber) oder noch schlimmer über frühere Kollegen sind im Interview ein absolutes Tabu. Sie signalisieren dem Interviewer im Zweifel mangelnde Loyalität oder fehlende Teamfähigkeit. Argumentieren Sie immer positiv und zukunftsorientiert!

Antwort: *Mein bisheriger Arbeitgeber hat mir einen guten Start in eine fliegerische Laufbahn ermöglicht. Allerdings wird es bei der Airline aufgrund einer Restrukturierung in den nächsten Jahren keine Kapitänsprogramme mehr geben. Auch wenn ich es bedauere, ein gutes Team zu verlassen, ist jetzt doch der richtige Zeitpunkt, meine Karriere in den Strukturen einer größeren Airline fortzusetzen.*

Beispiel 2

Frage: *Laut Ihrem Lebenslauf waren Sie nach einer Kündigung durch Ihren damaligen Arbeitgeber von Dezember 2009 bis September 2010 nicht bei einer Airline beschäftigt. Das war doch eigentlich eine Zeit des Aufschwungs. Weshalb wurde Ihnen gekündigt und weshalb haben Sie in der Folge erst nach neun Monaten wieder eine neue Anstellung gefunden?*

Intention: Kündigungen und Perioden der Beschäftigungslosigkeit sind in einer zyklischen Branche wie der Verkehrsfliegerei nichts Außergewöhnliches. Der Interviewer konfrontiert Sie damit nicht, um Sie in Verlegenheit zu bringen. Er will schlicht sehen, welche Maßnahmen Sie in der Zeit ergriffen haben und was das über Ihren Charakter und Ihre Einstellung zum Pilotenberuf aussagt.

Tipp: Versuchen Sie nicht, sich für negative Punkte in Ihrem Lebenslauf zu rechtfertigen. Legen Sie dar, welche Initiativen Sie ergriffen haben.

Antwort: *Mein Arbeitgeber musste im Herbst 2009 Insolvenz anmelden. Als bereits kurz darauf absehbar war, dass alle Piloten freigestellt werden, habe ich angefangen, meine Qualifikation über bislang geflogene CRJ-Familie hinaus zu erweitern. In den folgenden Monaten bereitete ich mich auf ein Type-Rating für die A320 vor. Das hat mir geholfen, im Juni 2010 einen ab September gültigen neuen Arbeitsvertrag zu erhalten. Um mich körperlich fit zu halten und etwas Geld zu verdienen, habe ich in der Zeit meiner Arbeitslosigkeit Tennisunterricht gegeben.*

(Etwas schwieriger wird es natürlich, wenn Ihnen eine verhaltens- oder disziplinarisch bedingte Kündigung ausgesprochen wurde. Dies ist ein echter schwarzer Fleck in jedem Lebenslauf. Gerade in diesem Fall gewinnen Sie kein neues Vertrauen, wenn Sie versuchen, sich zu rechtfertigen und die Verantwortung bei anderen zu suchen. Sie blicken in die Zukunft und müssen glaubhaft darlegen, dass Sie sich mit der damaligen Situation auseinandergesetzt und aus ihr gelernt haben.)

Schwächen

Wenn Sie nach Ihren Stärken gefragt werden, ist es naheliegend, dass man Sie auch um eine Selbsteinschätzung Ihrer **Schwächen** bitten wird. Und natürlich haben auch Sie einen schwachen Punkt – der Interviewer fragt Sie nicht nach Ihren Schwächen, um dann zu hören, dass Sie keine haben.

Viele Bewerber überdehnen eine Stärke ins Extreme, um dies als Schwäche darzustellen (*„Ich arbeite oft sehr, sehr detailversessen und fast schon zu perfektionistisch"*). Tun Sie das nicht, denn das geht an der Intention der Frage nach Ihren Schwächen vorbei. Der Interviewer möchte nämlich nicht nur erfahren, ob Sie eine bestimmte Eigenschaft als Schwäche an sich erkennen können. Ihn interessiert vor allem auch, a) weshalb Sie diese Eigenschaft als Schwäche werten und b) wie Sie mit ihr umgehen beziehungsweise was Sie gegen die Schwäche unternehmen.

Entsprechend schlecht eignen sich rein *qualifkatorische Defizite* als Schwäche. Diese sagen dem Interviewer nichts über Ihre Persönlichkeit. Auch werden sie oft gar nicht relevant sein. Wenn Sie als Pilot nicht fließend Französisch sprechen, ist dies vielleicht eine Schwäche, aber kein allzu großes Problem (mangelnde Englischkenntnisse hingegen schon eher).

„Gute" Schwächen für das Interview können Sie aus dem Profil Ihrer Stärken ableiten.

Stärke	Mögliche abgeleitete Schwäche
kommunikationsstark	spricht, bevor er denkt
Unvoreingenommenheit	manchmal zu vertrauensseelig
Teamplayer	Verlässt sich blind auf andere
Hohe Identifikation mit dem Pilotenberuf	Zieht Selbstbestätigung allein aus dem Beruf

Tabelle 3: Mögliche Stärken und die davon abgeleiteten Schwächen

Natürlich bewegen Sie sich bei der Darstellung eigener Schwächen immer auf einem schmalen Grad. Umso wichtiger ist es, dass sich Ihre Antwort nicht auf die Nennung der Schwächen beschränkt, sondern auch

- erkennen lässt, weshalb diese Eigenschaften ein Problem sind oder sogar schon einmal zu Problemen geführt haben, und

- mit Ansätzen endet, mit denen Sie an der Abstellung der Schwächen arbeiten beziehungsweise gearbeitet haben.

Eine Schwäche sollten Sie nicht als akutes Problem darstellen. Sie müssen dem Interviewer zeigen, dass Sie einen schwachen Punkt nicht einfach hinnehmen, sondern ihn abstellen wollen. Nichts demonstriert Selbsterkenntnis und Veränderungsbereitschaft besser als eine problematische Eigenschaft, an der Sie erfolgreich arbeiten:

> *„Ich habe mich in Teams früher oft in die zweite Reihe gestellt. Das hat dazu geführt, dass andere meine Arbeit als ihr Ergebnis präsentiert haben. Seit ich mir dieses Problems bewusst bin versuche ich, auch in größeren Teams eine aktive Rolle einzunehmen."*

oder

> *„Ich kann schlecht „Nein" zu Menschen sagen. Das wurde schon manches Mal ausgenutzt. Mittlerweile vertraue ich auch auf mein Bauchgefühl und tue anderen nicht mehr nur aus reiner Gutmütigkeit einen Gefallen."*

Bei der Wahl Ihrer Beispiele haben Sie natürlich freie Hand. Mit einem schlecht gewählten Beispiel für eine Schwäche können Sie sich aber ganz schnell aus dem

Interview reden. Ein absolut rotes Tuch sollten Schwächen sein, mit denen Sie (ungewollt) mangelnde Motivation signalisieren – weder waren noch sind sie „auch mal faul" oder schieben Aufgaben gerne bis zur letzten Minute vor sich her. Das Interview ist auch nicht der geeignete Ort, um mit Ihren schlechtesten Charaktereigenschaften reinen Tisch zu machen. Suchen Sie nach Schwächen, die ein Arbeitgeber im Zweifel verkraften kann – vor allem dann, wenn Sie das Problem bereits selbst mit einer Lösung angehen.

Übung

Identifizieren und beschreiben Sie fünf persönliche Schwächen.

■ **1. Schwäche / negative Eigenschaft:**

_____

_____

_____

_____

■ **Weshalb ist dies eine Schwäche:**

_____

_____

_____

_____

■ **Zu welchen Problemen führte die Schwäche / kann diese Schwäche führen:**

_____

_____

_____

_____

■ **Was unternehme ich gegen diese Schwäche / kann ich gegen diese Schwäche unternehmen:**

_____

_____

_____

_____

■ **2. Schwäche / negative Eigenschaft:**

_____

_____

_____

_____

■ **Weshalb ist dies eine Schwäche:**

_____

_____

_____

_____

■ **Zu welchen Problemen führte die Schwäche / kann diese Schwäche führen:**

_____

_____

_____

_____

■ **Was unternehme ich gegen diese Schwäche / kann ich gegen diese Schwäche unternehmen:**

_____

_____

_____

_____

■ **3. Schwäche / negative Eigenschaft:**

_____

_____

_____

_____

■ **Weshalb ist dies eine Schwäche:**

_____

_____

_____

_____

■ **Zu welchen Problemen führte die Schwäche / kann diese Schwäche führen:**

_____

_____

_____

_____

■ **Was unternehme ich gegen diese Schwäche / kann ich gegen diese Schwäche unternehmen:**

_____

_____

_____

_____

■ **4. Schwäche / negative Eigenschaft:**

_____

_____

_____

■ **Weshalb ist dies eine Schwäche:**

_____

_____

_____

■ **Zu welchen Problemen führte die Schwäche / kann diese Schwäche führen:**

_____

_____

_____

■ **Was unternehme ich gegen diese Schwäche / kann ich gegen diese Schwäche unternehmen:**

_____

■ **5. Schwäche / negative Eigenschaft:**

■ **Weshalb ist dies eine Schwäche:**

■ **Zu welchen Problemen führte die Schwäche / kann diese Schwäche führen:**

■ **Was unternehme ich gegen diese Schwäche / kann ich gegen diese Schwäche unternehmen:**

3.2 Die Verhaltensprognose

Neben Feststellung der Motivationslage eines Bewerbers ist die Prognose seines künftigen Verhaltens der zweite wesentliche Aspekt des Interviews. Im Rahmen der Verhaltensprognose werden zwei persönlichkeitsabhängige Eigenschaften untersucht, auf die Airlines bei ihren Piloten höchsten Wert legen: **Zuverlässigkeit** und **Professionalität**.

Prognosen über künftiges Arbeitsverhalten lassen sich bereits anhand *biographischer* Merkmale treffen. So dokumentiert ein Lebenslauf mit nahtlos aufeinanderfolgenden Stationen von Ausbildung und Beruf eine wohl auch in Zukunft hohe Zielstrebigkeit und Eigenverantwortung des Bewerbers. Aber schon ein Detail – wie zum Beispiel die Wahl eines bestimmten Leistungskurses in der Schule – kann zur biographisch basierten Verhaltensprognose herangezogen werden.

In modernen Interviewstrukturen wurde Raum für *situative* und *szenariobasierte* Fragen geschaffen, um die biographische Verhaltensprognose abzusichern und zu ergänzen. Die Teilnehmer des Interviews werden gebeten, ihr Verhalten in einer bestimmten Situation zu beschreiben. Die Frage kann dabei entweder an einer tatsächlichen Erfahrung des Bewerbers oder an einem hypothetischen Szenerio ansetzen.

Dieser Teil des Interviews erfordert eine besonders gründliche Vorbereitung. Sie müssen nicht nur geeignete (= luftfahrtbezogene) Beispiele für typische Szenarien finden, sondern auch ein Präsentationsschema für die gewählten Beispiele in das Interview mitnehmen.

Rechnen Sie mit Fragen, die diese vier Verhaltensbereiche ansprechen:

- Entscheidungsfindung und Planungsverhalten

- Kommunikation und Konfliktverhalten

- Stressverhalten und Monotonieresistenz

- Teamorientierung und Führungsverhalten

3.2.1 Entscheidungsfindung und Planungsverhalten

Jeder Flug stellt Piloten vor neue Entscheidungen. Fragen der Sicherheit, der Wirtschaftlichkeit und der Flugorganisation müssen systematisch vorbereitet oder im Zweifel spontan in Sekundenbruchteilen beantwortet werden. Sie müssen im Interview nachweisen, dass Sie schnell und systematisch Handlungsalternativen gegeneinander abwägen und Entscheidungen sicher treffen können.

Übung

Beantworten Sie für sich folgende Fragen (wählen Sie situationsbezogene Beispiele aus Ihrer Laufbahn in der Luftfahrt):

■ Was waren die drei schwierigsten Entscheidungen, die ich je zu treffen hatte?

  ☐ Welche Handlungsalternativen standen mir dabei zur Auswahl?
  ☐ Wie habe ich letztlich meine Entscheidungen getroffen?

■ Wann musste ich sehr spontane Entscheidungen treffen?

  ☐ Reagiere ich bei schnellen Entscheidungen eher systematisch oder intuitiv?

■ Verfolge ich einen anderen Ansatz bei Entscheidungen mit langfristigen Auswirkungen?

■ In welchen Situationen musste ich bis zu einer Deadline eine Entscheidung getroffen haben?

■ Wann habe ich eine Fehlentscheidung getroffen?

  ☐ Wie habe ich diese Fehlentscheidung als solche erkannt und korrigiert?
  ☐ Was habe ich aus der Fehlentscheidung gelernt?

3.2.2 Kommunikation und Konfliktverhalten

Jeder Interaktion zwischen Piloten im Cockpit geht Kommunikation voraus. Ebenso sicherheitsrelevant wie die Kommunikation an Bord ist die Abstimmung zwischen Piloten und Fluglotsen. Kommunikation ist in der Luftfahrt von so großer Bedeutung, dass international geltende Regeln und Standards für sie aufgestellt wurden (vgl. z.B. *ICAO Standard Phraseology*).

Die Formen standardisierter Kommunikation sind Teil der Ausbildung und des berufsbegleitenden Trainings von Verkehrspiloten und Fluglotsen. Individuell veranlagtes Kommunikationsverhalten soll sich standardisierter Kommunikation unterordnen. Die standardisierte Kommunikation kommt aber an ihre Grenzen, wenn bei der Abstimmung einer Entscheidung ein Konflikt zwischen den Beteiligten auftritt. Die weitere Entwicklung der Situation hängt jetzt davon ab, ob (und wie) der Konflikt ausgeräumt werden kann. In ausnahmslos jedem Interview werden Sie daher Fragen erwarten, die auf ihre Kommunikationsstärke in Konfliktsitiuationen abstellen.

Übung

Beantworten Sie für sich folgende Fragen (wählen Sie situationsbezogene Beispiele aus Ihrer Laufbahn in der Luftfahrt):

■ An welchen kleineren oder schwerwiegenderen Konfliktsituationen war ich beteiligt?

    ☐ Wie habe ich mich in diesen Konfliktsituationen verhalten?

    ☐ Wie habe ich versucht, zur Beilegung der Konflikte beizutragen?

    ☐ Wie gingen die Konflikte letztlich aus?

■ War ich jemals Ursache/Auslöser von Konfliktsituationen?

    ☐ Wie habe ich mich in diesen Konfliktsituationen verhalten?

    ☐ Wie habe ich versucht, zur Beilegung des Konflikts beizutragen?

    ☐ Wie gingen die Konflikte letztlich aus?

■ Musste ich schon einmal in einer Konfliktsituation zwischen zwei Mitarbeitern vermitteln?

    ☐ Wie habe ich mich in diesen Konfliktsituationen verhalten?

    ☐ Wie habe ich versucht, zur Beilegung der Konflikte beizutragen?

    ☐ Wie gingen die Konflikte letztlich aus?

■ Gab es Konfliktsituationen, die ich nicht lösen konnte?

■ Welche Rolle spielten Hierarchien in den Konflikten?

■ Wie würden Mitarbeiter, Freunde oder Familienmitglieder mein Verhalten in Konfliktsituationen beschreiben?

3.2.3 Stressverhalten und Monotonieresistenz

Stress nimmt entscheidenden Einfluss sowohl auf unser Entscheidungs- als auch auf unser Kommunikationsverhalten. Stress kann entweder spontan entstehen (z.B. in einer Notfallsituation) oder sich als Folge langfristiger Beanspruchung spürbar machen (z.B. in Form nachlassender Konzentration). Ebenso negativ wie Stress kann sich anhaltende Unterbeanspruchung (Monotonie) auf die persönliche Leistungsfähigkeit auswirken.

Da Stress und Langeweile wesentliche Sicherheitsfaktoren im Cockpit sind, werden im Interview sowohl Ihr Stressverhalten als auch Ihre Monotonieresistenz untersucht.

Übung

Beantworten Sie für sich folgende Fragen (wählen Sie situationsbezogene Beispiele aus Ihrer Laufbahn in der Luftfahrt):

■ Welche Umwelteinflüsse lösen bei mir Stress aus?

■ Wie reagiere ich auf langfristige Beanspruchung (z.B. Schlaflosigkeit, Erschöpfung)?

- Wie reagiere ich auf spontan aufkommenden Stress (z.B. Passivität, Überforderung, aber ebenso: gesteigerte Aufmerksamkeit, Adrenalinstoß)?

- Wann war ich spontan Stress ausgesetzt?

  - ☐ Welchen Einfluss hatte der Faktor Stress auf mein Entscheidungs- und Kommunikationsverhalten?
  - ☐ Wie ging die Situation letztlich aus?

- Wie schnell baue ich Stress wieder ab?

- Wie wirke ich langfristigem Stress in meiner Freizeit entgegen (z.B. durch Sport, Hobbies)?

- In welchen Situationen langweile ich mich?

  - ☐ Welchen Einfluss hatte der Faktor Langeweile auf mein Entscheidungs- und Kommunikationsverhalten?
  - ☐ Wie motiviere ich mich in langweiligen Arbeitsabläufen?

3.2.4 Teamorientierung und Führungsverhalten

Fliegen ist eine sehr komplexe Form der Teamarbeit. Für einen erfolgreichen Flug müssen mehrere Einzelteams intern funktionieren und zeitgleich mit Teams anderer Aufgabenbereiche effektiv zusammenwirken. Zu diesen Teams gehören nicht nur Cockpit- und Kabinencrew. An der Durchführung eines Flugs haben die Mitarbeiter am Boden (z.B. am Schalter, in der Maintenance oder im Dispatch) ebenso großen Anteil.

Als Pilot nehmen Sie eine Schlüsselfunktion in der Gesamtorganisation ein, schließlich laufen im Cockpit viele Fäden zusammen. Neben der Fähigkeit zur Arbeit in einem (hierarchisch und organisatorisch regulierten) Teamverbund ist daher auch indivuelle Führungskompentenz eine wichtige Qualifikation für den Pilotenberuf – Fluggesellschaften suchen potenzielle Kapitäne. Ein Chef sagt „go", ein guter Teamleiter „let's go".

Übung

Beantworten Sie für sich folgende Fragen (wählen Sie situationsbezogene Beispiele aus Ihrer Laufbahn in der Luftfahrt):

- In welchen Situationen bin ich regelmäßig Teil eines Teams?

- Welche Aufgaben musste ich in einem Zweierteam lösen (z.B. eine Notfallsituation im Cockpit oder eine anspruchsvolle Routenplanung)?

- Wie waren die Hierarchien in diesem Team verteilt?

  - ☐ Wie habe ich zur Problemlösung beigetragen?
  - ☐ Wie ging die Situation aus?

- ■   Welche Aufgaben musste ich in einem Team mit mehr als zwei Personen lösen?

  □   Wie waren die Hierarchien in diesem Team verteilt?
  □   Wie habe ich zur Problemlösung beigetragen?
  □   Wie ging die Situation aus?

- ■   Welche Führungspositionen hatte ich schon inne?

- ■   Musste ich je spontan bzw. unvorbereitet die Führungsrolle in einem Team übernehmen?

- ■   Wie würden Mitarbeiter meinen Führungsstil beschreiben?

- ■   Welche Fehler habe ich in Führungspositionen begangen?

- ■   Wie wurde ich auf diese Fehler aufmerksam (gemacht)?

- ■   Was habe ich aus diesen Fehlern gelernt?

- ■   Hat sich mein Führungsverhalten im Laufe der Zeit geändert?

3.2.5 Der Umgang mit situativen Fragen

Der gekonnte Umgang mit situativen Fragen ist keine ganz einfache Angelegenheit. Mit den vorangegangenen Übungen sollten Sie sich Erfahrungen in Erinnerung rufen, an denen Sie Ihre Antworten ansetzen können. Der Interviewer wird gerade Bewerber mit Flugerfahrung nach tatsächlich erlebten Situation befragen. Im Interview darf es Ihnen daher nicht an Beispielen mangeln, an denen Sie Verhalten illustrieren können.

Achtung: Wählen Sie ausschließlich authentische Beispiele aus Ihrem eigenen Erfahrungsschatz! Ein Interviewer befragt jedes Jahr mehrere hundert Piloten. Welchen Eindruck wird er von einem Bewerber haben, der ihm die exakt gleiche Situation aus dem Lehrbuch als seine eigene schildert, wie am selben Tag schon zwei Kandidaten vor ihm?

Im Interview sollten Sie selbstverständlich luftfahrtbezogene Beispiele wählen. Die gewählte Situation ist im Grunde aber nur von untergeordneter Bedeutung – letztlich werden die meisten Piloten in ihrer Karriere mit ähnlichen Aufgaben und Konflikten konfrontiert. Viel entscheidender ist, dass Sie dem Interviewer Informationen über Ihren *Umgang mit der Situation* und das *Ergebnis* geben. Bei der Beantwortung situativer Fragen sollten Sie folgendes Schema anlegen:

- ■   Beschreibung der Situation   (1/4)

- ■   Mein Umgang mit der Situation   (2/4)

- ■   Ergebnis / Auflösung der Situation   (1/4)

Wenn Sie sich beim Aufbau Ihrer Antwort an dieser einfachen Struktur orientieren, helfen Sie nicht nur dem Interviewer, sondern auch sich selbst – so vermeiden Sie es, sich in (unwichtigen) Details zu verzetteln und letztlich den roten Faden Ihrer Antwort zu verlieren. Entsprechend der vorgeschlagenen Gewichtung sollte der eindeutige Schwerpunkt der Antwort auf der Beschreibung Ihres Umgangs mit der gewählten Situation liegen.

Beschreibung der Situation: 1/4

Talk Pilot! Beschränken Sie sich auf eine chronologische Darstellung der wesentlichen Fakten und langweilen Sie den Interviewer nicht mit einer allzu detailreichen Schilderung. Eine kurze aber vollständige Zusammenfassung des Ereignisablaufs ist ein guter Einstieg in die Beantwortung einer situativen Frage. Kommen Sie schnell auf den wesentlichen Punkt:

Mein Umgang mit der Situation: 2/4

Die situativen Fragen dienen der Erstellung einer Verhaltensprognose. Zeigen Sie sich dem Interviewer auch hier als guten Vermittler von Informationen und stellen Sie Highlights Ihres Handels heraus. Selbstverständlich sollte Ihr Umgang mit der Situation Souveränität und Professionalität dokumentieren.

Ergebnis / Auflösung der Situation: 1/4

Mögen Sie Kinofilme, die ihr Publikum mit einem offenen Ende nach Hause entlassen? Ohne einen Schlussteil ist eine Geschichte unvollständig. Auch der Interviewer soll am Ende Ihrer Antwort nicht denken *„und dann?“*.

Beispiel

Im Interview wird Ihnen folgende Aufgabe gestellt: *„Beschreiben Sie eine Krisensituation, die Sie im Cockpit erlebt haben.“*

1. Beschreibung der Situation

> *Ich war Co-Pilot eines Airbus A320 auf einem Ferry Flight von Hamburg nach Frankfurt ohne Passagiere. Kurz nach dem Start setzte beim Kapitän starkes Nasenbluten ein und er klagte über Kopfschmerzen. Er erklärte sich selbst für nicht mehr flugfähig.*

2. Mein Umgang mit der Situation

> *Ich habe ihm gesagt, dass wir umgehend den nächsten Flughafen in Hannover anfliegen werden. Anschließend habe ich einen Notfall erklärt und den Tower in Hannover um bevorzugte Landung und medizinische Hilfe am Boden gebeten. Der Zustand des Kapitäns hat mir große Sorgen bereitet, da er offensichtlich unter sehr starken Kopfschmerzen litt. Ich habe versucht, mir meine Anspannung nicht anmerken zu lassen und ihn stetig über unsere aktuelle Position informiert. Zeitgleich bin ich die Checkliste für die Landung durchgangenen und habe einen sicheren Anflug auf Hannover und eine sichere Landung durchgeführt.*

3. Ergebnis / Auflösung der Situation

> *Nach der Landung wurden wir auf eine Parkposition geleitet, an der bereits ein Rettungswagen bereitstand. Nachdem der Kapitän in den Händen der Sanitäter war, habe ich die Fluggesellschaft über den Vorfall informiert. Der Kapitän hat sich wenige Tage später bei mir bedankt und mein professionelles Verhalten gelobt. Wir sind später gerne wieder miteinander geflogen.*

Übung

Verfassen Sie strukturierte Antworten zu folgenden Fragen / Aufgaben:

■ **Wann mussten Sie schon mal eine schnelle Entscheidung treffen?**

☐ Beschreibung der Situation

_____

_____

_____

_____

☐ Mein Umgang mit der Situation

_____

_____

☐ Ergebnis / Auflösung der Situation

■ **Erzählen Sie von einem Fehler, den Sie im Cockpit gemacht haben.**

☐ Beschreibung der Situation

☐ Mein Umgang mit der Situation

☐ Ergebnis / Auflösung der Situation

■ **Was war die bislang schwierigste Entscheidung, die Sie treffen mussten?**

☐   Beschreibung der Situation

_____

_____

_____

_____

☐   Mein Umgang mit der Situation

_____

_____

_____

_____

☐   Ergebnis / Auflösung der Situation

_____

_____

_____

_____

■ **Geben Sie mir ein Beispiel dafür, wie Sie Aufgaben priorisieren.**

☐   Beschreibung der Situation

_____

_____

_____

_____

☐ Mein Umgang mit der Situation

_____

_____

_____

_____

☐ Ergebnis / Auflösung der Situation

_____

_____

_____

_____

■ **Erzählen Sie mir von einem Konflikt mit einem Vorgesetzten.**

☐ Beschreibung der Situation

_____

_____

_____

_____

☐ Mein Umgang mit der Situation

_____

_____

_____

_____

☐   Ergebnis / Auflösung der Situation

_____

_____

_____

_____

■   **Erzählen Sie mir von einem Konflikt mit einem gleichrangigen Mitarbeiter.**

☐   Beschreibung der Situation

_____

_____

_____

_____

☐   Mein Umgang mit der Situation

_____

_____

_____

_____

☐   Ergebnis / Auflösung der Situation

_____

_____

_____

_____

■ **Erzählen Sie mir von einem Konflikt mit einem Ihnen untergeordneten Mitarbeiter.**

☐ Beschreibung der Situation

_____

_____

_____

_____

☐ Mein Umgang mit der Situation

_____

_____

_____

_____

☐ Ergebnis / Auflösung der Situation

_____

_____

_____

_____

■ **Haben Sie schon mal ein Problem verursacht, für dass Sie sich später entschuldigen mussten?**

☐ Beschreibung der Situation

_____

_____

_____

_____

☐ Mein Umgang mit der Situation

_____

_____

_____

_____

☐ Ergebnis / Auflösung der Situation

_____

_____

_____

_____

■ **Wie führen Sie Teams zum gewünschten Arbeitsergebnis?**

☐ Beschreibung der Situation

_____

_____

_____

_____

☐ Mein Umgang mit der Situation

_____

_____

_____

_____

☐ Ergebnis / Auflösung der Situation

_____

_____

_____

_____

■ **In welchen Situationen halten Sie Teamarbeit für unnötig?**

☐ Beschreibung der Situation

_____

_____

_____

_____

☐ Mein Umgang mit der Situation

_____

_____

_____

_____

☐ Ergebnis / Auflösung der Situation

_____

_____

_____

_____

■ **Haben Sie schon einmal spontan eine Führungsrolle übernommen?**

☐ Beschreibung der Situation

_____

_____

_____

_____

☐ Mein Umgang mit der Situation

_____

_____

_____

_____

☐ Ergebnis / Auflösung der Situation

_____

_____

_____

_____

■ **Wann sind Sie einer Führungsrolle einmal nicht gerecht geworden?**

☐ Beschreibung der Situation

_____

_____

_____

_____

☐ Mein Umgang mit der Situation

_____

_____

_____

_____

☐ Ergebnis / Auflösung der Situation

_____

_____

_____

_____

■ **Geben Sie mir ein Beispiel für Ihre Art Teams zu leiten.**

☐ Beschreibung der Situation

_____

_____

_____

_____

☐ Mein Umgang mit der Situation

_____

_____

_____

_____

☐   Ergebnis / Auflösung der Situation

_____

_____

_____

_____

■   **Geben Sie mir ein Beispiel dafür, wie Sie Aufgaben auf Teammitglieder verteilen.**

☐   Beschreibung der Situation

_____

_____

_____

_____

☐   Mein Umgang mit der Situation

_____

_____

_____

_____

☐   Ergebnis / Auflösung der Situation

_____

_____

_____

_____

■ **Mussten Sie sich schon einmal einer Regel unterordnen, die Sie für überflüssig hielten?**

☐ Beschreibung der Situation

_____

_____

_____

_____

☐ Mein Umgang mit der Situation

_____

_____

_____

_____

☐ Ergebnis / Auflösung der Situation

_____

_____

_____

_____

■ **Geben Sie mir ein Beispiel dafür, wie Sie sich bei Aufgaben motivieren, die Sie eigentlich langweilen.**

☐ Beschreibung der Situation

_____

_____

_____

☐ Mein Umgang mit der Situation

_____

_____

_____

_____

☐ Ergebnis / Auflösung der Situation

_____

_____

_____

_____

3.2.6 Der Umgang mit szenariobasierten Fragen

Bei situativen Fragen haben Sie die Kontrolle über das gewählte Beispiel und damit die Antwort. In szenariobasierten Fragen gibt hingegen der Interviewer den Handlungsrahmen vor. Oft werden hierfür Situationen aufgestellt, die Sie vor ein Entscheidungsdilemma stellen. Ein oftmals gewähltes Szenario ist der Umgang mit einem offensichtlich flugunfähigen Kapitän, der dennoch seinen Dienst antreten will. Hier haben Sie als Erster Offizier mehrere Möglichkeiten: Sie können a) den Vorfall umgehend melden, b) darauf hinwirken, dass der Kapitän von sich aus nicht fliegt oder c) gar nichts unternehmen und auf das Beste hoffen. Alternative c) scheidet offensichtlich aus. Auch a) beschreibt kein wirklich souveränes Vorgehen. Natürlich hat die Flugsicherheit stets oberste Priorität, aber dennoch sollten Sie einem Kollegen in einer heiklen Situation zunächst die Gelegenheit geben, von sich aus das Richtige zu tun.

Achtung: Reden Sie nicht um den heißen Brei herum. Der Interviewer kennt die möglichen Handlungsalternativen. Er möchte wissen, was Sie konkret in dem beschriebenen Szenario unternehmen und weshalb. Ihr Ansatz muss mögliche Konsequenzen Ihrer Entscheidung berücksichtigen und zu einer vertretbaren Lösung des gestellten Problems führen.

Beispiel

Im Interview wird Ihnen folgendes Szenario vorgegeben: „Sie bemerken vor Antritt eines Ferry Flight von Hamburg nach Frankfurt, dass Ihr Kapitän Nasenbluten hat und offensichtlich unter starken Kopfschmerzen leidet. Wie verhalten Sie sich?"

Sie: *Ich würde ihn fragen, ob er sich für flugfähig hält.*

Interviewer: *Gut, aber der Kapitän wiegelt ab. Er weiß Ihre Sorgen zu schätzen, aber es ist ja nur ein kurzer Flug und außerdem will er nach Hause.*

Sie: *Ich würde sagen, dass ich sehr besorgt bin und er meiner Meinung nach nicht flugfähig ist. Ich würde ihn eindringlich bitten, sich unfit-to-fly zu melden.*

Interviewer: *Der Kapitän will aber immer noch fliegen. Er hält sich für fit genug und Sie Grünschnabel sollen sich da nicht einmischen. Außerdem sind ja bei dem Ferry Flight gar keine Passagiere mit an Bord.*

Sie: *Ich würde ihn jetzt darauf hinweisen, dass sein Verhalten trotzdem nicht mit den Richtlinien des Unternehmens vereinbar ist und ihn bitten, mich nicht in eine Lage zu versetzen, in der ich die Entscheidung für ihn treffen muss.*

Übung

Verfassen Sie strukturierte Antworten zu folgenden Fragen / Aufgaben:

- Sie durchfliegen eine Schlechtwetterfront über der Nordsee. Trotz schwerer Turbulenzen will sich der Kapitän für eine Pause in die Crew Rest Area zurückziehen. Wie verhalten Sie sich?

- Ein Status-Passagier der Business Class beleidigt vor einem Langstreckenflug die Flugbegleiterinnen. Wie verhalten Sie sich?

- Am New Yorker Flughafen JFK hat ein Fluglotse sein Kind die Anweisungen an startende Flugzeuge funken lassen. Wie hätten Sie sich als Pilot in dieser Situation verhalten?

- Sie bemerken, dass der Senior First Officer am Vorabend die Regel *8 hours from bottle to throttle* offenbar nicht ganz eingehalten hat. Der Kapitän will ihn dennoch fliegen lassen. Wie verhalten Sie sich?

- Ein Freund bittet Sie, Ihre Kontakte bei unserer Fluggesellschaft spielen zu lassen, um ebenfalls als Pilot eingestellt zu werden. Wie verhalten Sie sich?

3.3 Technische Fragen

Fragen zu theoretischem Wissen werden meist gegen Ende des Interviews gestellt. Das Spektrum ist groß und umfasst u.a.:

- Principles of Flight
- Performance
- Triebwerkskunde
- Flugzeugdesign / Aerodynamik
- Navigation
- Meteorologie
- Human Performance and Limitations Theory
- Recht

Ausgebildete Piloten sollten sich auf diesen Gebieten sicher bewegen können. Bewerber, die noch vor Ihrer Ausbildung stehen, sollten sich im Vorfeld des Interviews zumindest einen ersten Überblick über diese Themen verschafft haben. Wenn Sie künftig einen bestimmten Flugzeugtyp bei der Airline fliegen werden, sollten Sie nicht nur seine Eckdaten (Triebwerke, Spannweite, etc.) kennen. Mit Detailkenntnissen über die Systeme setzen Sie sich von anderen Bewerbern ab. Wenn der Interviewer das Flugzeug selbst kennt, können Sie auch über dessen Eigenarten und Macken reden.

Der technische Teil des Interviews wird in vielen Fällen nicht mehr von einem Psychologen durchgeführt, sondern von einem Ausbildungskapitän der rekrutierenden Fluggesellschaft. Ein fachlich versierter Interviewer wird auch kompetente Bewerber an die Grenzen ihres Wissens fragen. Antworten Sie im technischen Teil des Interviews vollständig aber kurz. Damit geben Sie dem Interviewer Spielraum für konkrete Nachfragen, mit denen er Ihre Kenntnisse tiefer prüfen kann.

Beispiel: Technische Fragen, Gebiet: V-Speeds

Interviewer: *Erklären Sie mir, was V1 ist.*

Sie: *V1 ist die ist die Maximalgeschwindigkeit, mit der ein Startabbruch ohne Verlassen des Runway möglich ist. V1 ist ebenso die Minimalgeschwindigkeit, ab der bei Ausfall eines Triebwerks noch sicher bis V2 Takeoff Safety Speed beschleunigt werden kann.*

Interviewer: *Und wie ist Vr definiert?*

Sie: *Vr ist die Rotation Speed, also die Geschwindigkeit, ab der das Bugfahrwerk vom Boden abhebt.*

Interviewer: *Wie stehen V1 und Vr zueinander?*

Sie: *Vr ist stets größer oder gleich V1.*

In diesem Beispiel behält der Interviewer die Kontrolle über den Gesprächsverlauf. Die zum Einstieg gestellte Aufgabe *„Erklären Sie mir, was V1 ist."* darf nicht als Einladung für ein Referat über die V Speeds und ihre Relationen untereinander fehlinterpretiert werden. Im technischen Interview bleiben Sie immer auf einem sicheren Pfad, wenn Sie den Ball mit präzisen Antworten an den Interviewer zurückspielen.

Ein wichtiger Hinweis: *„Ich weiß nicht"* ist im technischen Interview an keiner Stelle eine akzeptable Antwort. Nehmen Sie an, Sie werden danach gefragt, in welchen Fällen medizinische Notfallausrüstung an Bord mitzuführen ist und sind sich bei der Antwort nicht sicher. Selbstverständlich sollten Sie jetzt nicht versuchen, die Antwort mit einem *Schuss ins Blaue* zu erraten. Entweder kennen Sie die korrekte Antwort oder Sie kennen Sie nicht. Im zweiten Fall bietet sich ein Ausweg, mit dem Sie ein paar Punkte retten: *„Ich bin mir bei den genauen Richtlinien zur Mitführung medizinischer Notfallausrüstung nicht sicher. Diese sollten sich aber in Abschnitt K der JAR-OPS 1 finden."* Sollten Sie im technischen Interview wirklich einmal nicht mehr weiter kommen, sehen Sie den Interviewer an und antworten: *„Es tut mir leid, diese Frage kann ich Ihnen auf Anhieb nicht beantworten."*

3.4 Ihre Fragen an die Airline

„Haben Sie nach diesem Interview noch fragen an uns?"

Selbstverständlich. Im Interview geht es darum, sich an jeder Stelle gut zu verkaufen. Leider lassen viele Bewerber diese Einladung zu einer positiven Abrundung des Eindrucks aus, den der Interviewer von ihnen gewonnen hat. In so gut wie jedem Interview wird der Interviewer Ihnen die Gelegenheit geben, am Ende eigene Fragen zu stellen. Das macht er natürlich nicht aus reiner Höflichkeit. Die Fragen, die Sie stellen, liefern ihm genauso wertvolle Informationen über Ihre Eignung wie Ihre vorausgegangenen Antworten. Mit einem *„Nein, ich denke, auf meiner Seite ist alles soweit klar."* zeigen Sie nicht gerade viel Interesse und Motivation.

Einige Bewerber begehen einen anderen Kardinalsfehler. Im Interview ist es definitiv nicht angebracht, Fragen zu Urlaubstagen und Sozialleistungen zu stellen.

Versuchen Sie besser, mit eigenen Fragen am Tenor des vorangegangenen Interviews anzusetzen. Wenn Sie aus den Fragen des Interviewers heraushören konnten, dass Ihre Bereitschaft zur Stationierung an einem Hub im Ausland ein wesentliches Entscheidungskriterium sein wird, bietet es sich an, ihn nach unternehmensinternen Programmen für Auslandsaufenthalte zu fragen. Wenn der Interviewer mehrfach die gute Teamarbeit bei der Airline anspricht, fragen Sie nach den seiner Ansicht nach herausstechensten Merkmalen der Unternehmenskultur, die dieses Arbeitsumfeld fördern.

Ein Aufgreifen der Schwerpunkte des Interviews mit eigenen (durchaus auch kritischen!) Fragen wird Ihnen immer Pluspunkte bringen. So zeigen Sie nämlich nicht nur Interesse und Motivation, sondern auch, dass Sie die *Probleme der Airline* verstehen. Die besten Fragen werden Sie finden, wenn Sie die Intentionen und Schwerpunkte Ihres Interviews erkannt haben. Mit Ihren Fragen möchten Sie am Ende des Interviews noch einmal:

- Ihre Motivation unterstreichen
- Ihre persönliche Eignung herausstellen
- Zuversicht auf eine Einstellung demonstrieren
- zeigen, dass Sie die Herausforderungen der Airline verstehen

Zum Abschluss können Sie den Interviewer auch nach Angeboten fragen, die neuen Piloten die Orientierung in den ersten Monaten erleichtern (z.B. Mentoring-Programme). Achten Sie darauf, nicht zu viele Fragen zu stellen. Etwa zehn Prozent der Interviewzeit können aber für diesen Abschnitt angesetzt werden.

3.5 Frequently Asked (Interview) Questions

Die folgenden Interviewfragen sind so oder in Abwandlungen echte Klassiker. Bitten Sie einen Freund, 15 bis 20 Fragen auszusuchen und zu stellen, um eine Interviewsituation zu trainieren.

- Erzählen Sie etwas über sich und Ihre bisherige Karriere.

- Wie sind Sie zur Fliegerei gekommen?

- Weshalb sollten wir Sie einstellen?

- Warum haben Sie sich gerade unsere Airline ausgesucht?

- Haben Sie sich auch bei anderen Airlines beworben?

- Wo stand gestern unser Aktienkurs?

- Wer sind die Stellvertreter unseres Vorstandschefs?

- Was war Ihrer Ansicht nach die schwierigste Zeit in der 50-jährigen Geschichte unserer Airline?

- Vor welchen Aufgaben steht unsere Airline Ihrer Meinung nach in den nächsten fünf Jahren?

- Welche neuen Strecken werden wir im nächsten Sommerflugplan einführen?

- Wie lange dauert es bei uns im Schnitt, bis ein FO zum SFO und dann zum Kapitän befördert wird?

- Auf welche persönliche Leistung sind Sie besonders stolz?

- Was macht Sie zu einem guten Piloten?

- Wie würde Sie ein guter Freund einem Fremden beschreiben?

- Wie würden Sie sich selbst mit drei Worten beschreiben?

- Welche Eigenschaften an sich würden Sie als persönliche Stärke werten?

- Was würden Sie an sich gerne ändern?

- Nennen Sie mir ein Highlight und einen Tiefpunkt Ihrer bisherigen Karriere.

- Sind Sie schon einmal durch eine Prüfung gefallen?

- Können Sie sich vorstellen, eine Zeit lang m Ausland stationiert zu sein?

- Was werden Sie unternehmen, wenn Sie die Stelle heute nicht bekommen?

- Was würden Sie machen, wenn Sie eines Tages aus medizinischen Gründen nicht mehr fliegen dürften?

- Nehmen Sie an, Sie haben eines Tages alle Ziele in Ihrer Karriere erreicht. Was würden Sie der Luftfahrt zurückgeben?

- Nennen Sie mir eine schwierige Entscheidung, die Sie treffen mussten.

- Nennen Sie mir eine kritische Situation, die Sie entschärfen konnten.

- Welche Eigenschaften zeichnen Ihrer Meinung nach ein gutes Team aus?

- Mussten Sie schon einmal Führungsstärke zeigen, um ein Problem anzugehen?

- Wie verteilen Sie Aufgaben innerhalb eines Teams?

- Wann haben Sie ein Team zu einem erfolgreichen Ergebnis geführt?

- Erzählen Sie mir von einer kritischen Situation, bei der Sie im Cockpit waren.

- Erzählen Sie mir von der anstrengensten Crew-Konstellation, in der Sie arbeiten mussten.

- Wie verhalten Sie sich, wenn Ihr Kapitän im Cockpit außerhalb der Richtlinien handelt?

- Erzählen Sie mir von einem Konflikt mit einem Vorgesetzten.

- Erzählen Sie mir von einer Situation, in der Sie Aufgaben priorisieren mussten.

- Erzählen Sie mir von einer Situation, die Sie mit logischem Denken gelöst haben.

- Haben Sie schon einmal Ihr Kommunikationstalent eingesetzt, um eine Entwicklung in Ihre Richtung zu lenken?

- Über welche Themen unterhalten Sie sich auf einem Langstreckenflug mit dem Kapitän?

- Sie sind bislang hauptsächlich die Embraer E190 geflogen. Erzählen Sie etwas über dieses Flugzeug.

- Wie bereiten Sie sich auf Nachtflüge vor?

- Sie nehmen im Cockpit leichten Rauchgeruch wahr. Was unternehmen Sie?

- Haben Sie noch Fragen an uns?

4 Gruppenübungen, -diskussionen und Streitgespräche

Viele Airlines laden zu einem Interviewtermin mehrere Bewerber ein. Das ermöglicht die Durchführung von *Gruppenübungen*, *Gruppendiskussionen* und *Streitgesprächen*.

Bei **Gruppenübungen** müssen Sie unter Zeitdruck eine Aufgabe mit anderen Kandidaten lösen. Planungs- oder Entscheidungsaufgaben eignen sich besonders gut als Grundlage für Gruppenübungen. So werden zum Beispiel oft Varianten der Gruppenübung *Aid Dropping* eingesetzt. Bei diesem Planungspiel sollen die Teams einen humanitären Einsatz planen, bei dem an verschiedenen Punkten Hilfsgüter abgeworfen werden. Neben der Wahl einer möglichst effizienten Flugroute muss auch die optimale Beladung der Maschine geplant werden.

In dem Spiel zeigt sich, wie systematisch die einzelnen Teilnehmer die sich stellenden Probleme angehen und ihre Vorschläge in das Team einbringen. Neben der Teamfähigkeit werden auch die Führungsqualitäten der Bewerber in Gruppenübungen bewertet.

Auch technische Aufgaben – wie das gemeinsame Bauen einer tragfähigen Brücke aus Papier – werden gerne für Gruppenübungen verwendet.

Bei Gruppenübungen treffen unterschiedliche Charaktere und Meinungen aufeinander. Sie stehen mit Ihren Mitbewerbern in einem Wettbewerb und wollen sich von ihnen absetzen. Gleichzeitig müssen Sie Teamfähigkeit beweisen. Ein paar grundsätzliche Verhaltensregeln für Gruppenübungen lauten daher:

- Nehmen Sie eine aktive Rolle im Team ein
- Integrieren Sie passivere Teammitglieder in die Diskussion
- Behandeln Sie alle Teammitglieder respektvoll
- Entwickeln Sie eigene Lösungsvorschläge
- Verteidigen Sie eigene Lösungsvorschläge gegen Kritik
- Entwickeln Sie Lösungsvorschläge anderer Teammitglieder weiter
- Üben Sie konstruktive Kritik, nennen Sie Ihre Gründe für Kritik
- Achten Sie auf die vorgegebene Bearbeitungszeit

Natürlich sollen die Teams ergebnisorientiert arbeiten. Wichtiger als das Arbeitsresultat der Gruppenübung ist aber Ihr individuelles Verhalten im Team und Ihr Beitrag zur Lösung der gestellten Aufgabe.

Für **Gruppendiskussionen** gelten im Prinzip die gleichen Spielregeln. Ihrem Team wird ein Thema vorgegeben, das offen und durchaus kontrovers debattiert werden soll. Beispielthemen für Gruppendiskussionen können sein:

■ Sollen Piloten im Alter von 60 Jahren in den zwangsweisen Ruhestand gehen?
■ Sind die Nachtflugverbote an großen Hubs wirklich vertretbar?
■ Wie wirken sich hohe Kerosinpreise auf die Karrierechancen junger Piloten aus?
■ Benachteiligt das EU-ETS (Emissionszertifikatehandel) europäische Fluggesellschaften?

Gruppendiskussionen entwickeln eine eigene Dynamik. Achten Sie daher besonders darauf, dass sie nicht in einem Streit enden.

Eine Konfliktsituation ist wiederum die Grundlage für eine dritte Übung, die im Auswahlverfahren auf Sie warten kann. Im **Streitgespräch** ist es Ihre Aufgabe, aus einer unbequemen Ausgangsposition einen Konflikt für sich zu entscheiden. Dabei sollen Sie Ihr Gegenüber natürlich nicht einfach mit der Situation konfrontieren, sondern versuchen, mit gut gewählten Argumenten zu überzeugen.

Übung

Führen Sie ein Streitgespräch mit einem Partner zu folgender Situation:

Sie haben mit Kollegen eine Band gegründet, um einen Ausgleich zur Arbeit im Cockpit zu haben. Ihre Band ist sehr erfolgreich und soll für das Marketing der Fluggesellschaft eingesetzt werden. Allerdings verlangt die Marketingabteilung, dass ein anderer Drummer in die Band kommt. Der bisherige Drummer hat eigentlich immer gut gespielt und war zudem noch Ihr persönlicher Mentor in Ihrer Anfangszeit bei der Fluggesellschaft. Jetzt müssen Sie ihm mitteilen, dass er künftig nicht mehr Mitglied der Band sein wird.

5 Nach dem Interview

Beenden Sie den Tag Ihres Interviews, wie Sie ihn begonnen haben – mit einer positiven Einstellung. Das perfekte Interview gibt es nicht. Gerade deshalb werden Sie bei jedem Interview neue Erfahrungen sammeln und viel dazulernen. Ein Interview bei einer deutschen Airline wird andere Schwerpunkte haben, als ein Eignungstest bei einem Middle East Carrier. Nutzen Sie daher jede Chance auf ein Interview (auch wenn Sie bereits eine Zusage für eine Anstellung haben).

Unmittelbar nach einem Interview können Sie Ihre Eindrücke kurz zu Papier bringen. Welche Fragen habe ich gut beantwortet? Welche Fragen hätte ich besser beantworten können? Erfahrung ist die beste Vorbereitung. Wir wünschen Ihnen viel Erfolg für ihren Eignungstest und Ihre Karriere im Cockpit.

SkyTest® Airline-Interview

Lernen Sie Aufbau und Ablauf des psychologischen Abschlussgesprächs in Piloten- und Fluglotsen-Einstellungstests kennen. Das ebenfalls von den Autoren des vorliegenden Werks verfasste Handbuch stellt einerseits Struktur und Methodik dieses Diagnoseinstruments vor, andererseits die Durchführung des Interviews aus Sicht des Bewerbers.

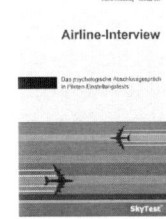

Die Einstellungstests deutscher und europäischer Fluggesellschaften für Piloten sind modular aufgebaut. In den ersten Stufen der Auswahlverfahren werden Bewerber eingehend computergestützten Screenings zur Bestimmung ihrer operationellen und kognitiven Fähigkeiten unterzogen. Endgültig entscheidet aber erst ein eignungspsychologisches Interview gegen Ende des Auswahlverfahrens über die Annahme oder Ablehnung eines Aspiranten.

SkyTest® Airline-Interview stellt Ihnen Theorie und Methodik des Interviewansatzes in der modernen Eignungsdiagnostik für Piloten-Auswahlverfahren vor. Das Buch erklärt in kompakter Form und anhand vieler Beispiele sowohl die biographischen als auch die situativen Abschnitte des Interviews aus Sicht des Interviewers und aus Sicht des Bewerbers.

Das Interview ist auch ein Spiel gegen sich selbst. Eine an den Zielen des Interviews orientierte Auslegung von Fragen und die anschließende Entwicklung reflektierter Antworten sind einem Training zugänglich. *SkyTest® Airline-Interview* begleitet Ihre Vorbereitung auf diesen wichtigen Teil des Auswahlverfahrens mit praktischen Hinweisen; ein umfangreicher Katalog an Übungsfragen ermöglicht ihre unmittelbare Anwendung.

Weitere Informationen und Bestellmöglichkeit: **www.skytest.de**